Comercio De Opciones

Lleva Tus Operaciones Al Siguiente Nivel Con Estrategias Ganadoras Y Análisis Técnicos Precisos Utilizados Por Los Mejores Operadores Para Vencer Las Probabilidades Y Lograr Ganancias Constantes En El Mercado De Opciones.

Samuel Feron

Contenido

Introducción

¿Eres un nuevo inversor que acaba de empezar? ¿Deseas dominar el arte del trading o comercio de opciones, pero careces de conocimientos previos?

Si es así, deberías leer este libro.

Debes aventurarte más allá de las operaciones básicas y las compras limitadas de acciones y fondos cotizados (ETF) si deseas tener éxito en el mercado de valores. Si sabes en qué te estás metiendo y cómo practicar con éxito las operaciones con opciones, éstas pueden proporcionarte un camino hacia un éxito bursátil significativo.

Las opciones son derivados financieros que ofrecen al titular el derecho, pero no la obligación, de comprar o vender un activo subyacente a un precio concreto, conocido como precio de ejercicio, en una fecha determinada, conocida como fecha de vencimiento, o antes de ella. En ese momento, la opción es válida.

Las opciones son herramientas financieras flexibles que pueden utilizarse para generar ingresos, cubrir riesgos y especular. Los inversores suelen emplearlas para reducir el riesgo y aumentar la rentabilidad.

Este libro pretende presentar en profundidad las opciones y su funcionamiento, cubriendo los muchos tipos de opciones, cómo comprarlas y venderlas, y cómo utilizarlas en diferentes estrategias.

Este libro te ayudará a aprender los fundamentos de las opciones y cómo utilizarlas eficazmente en tu cartera financiera, ya seas un inversor principiante o experimentado.

Obtendrás conocimientos sobre varias estrategias de negociación que puedes utilizar, así como sobre algunos peligros potenciales. Cuando termines de leer este libro, tendrás una sólida comprensión básica del trading de opciones y de si se adapta a ti.

1

Introducción al trading de opciones

No eres el único que se ha sumado recientemente al carro del trading de opciones. De hecho, con 7.470 millones de contratos intercambiados en 2020, la popularidad del trading de opciones, o contratos que te permiten apostar en qué dirección crees que se dirige el precio de una acción, alcanzó un máximo histórico. La Options Clearing Corporation informa de un aumento del 52,4% respecto al año anterior.

El trading o comercio de opciones se está expandiendo rápidamente a medida que lo adoptan tanto inversores experimentados como principiantes. Estos dos grupos están empezando a comprender la libertad que ofrecen las opciones: los inversores pueden fijar el precio de una acción sin adquirirla.

Operar con opciones puede aumentar enormemente tus ingresos, reducir el riesgo y protegerte de la volatilidad del mercado. Por estas razones, las opciones pueden complementar a las acciones en tu cartera. Los inversores tienen más opciones cuando operan con ambas que cuando lo hacen sólo con acciones. Las opciones pueden funcionar casi como una póliza de seguros. Por ejemplo, la compra de opciones específicas puede ayudarte a compensar las posibles pérdidas de tus acciones si disminuyes el valor de una empresa de tu propiedad.

Las opciones pueden permitirte cambiar de estrategia sin vender tus acciones, reducir tu punto de equilibrio e incluso establecer un precio de compra para una acción por debajo de su valor de mercado actual.

A pesar de su gran atractivo, el comercio de opciones no es tan sencillo, y empezar requiere mucha previsión. A continuación desglosamos lo que los inversores activos deben entender antes de probar las opciones.

¿Qué son las opciones?

Una opción es un contrato que te otorga el derecho a comprar o vender un producto financiero durante un periodo de tiempo predeterminado al precio acordado.

Las acciones, los índices y los fondos cotizados son sólo algunos de los productos financieros con opciones disponibles. Las opciones se denominan "derivados" porque su valor se "deriva" del activo subyacente.

Cuando se negocian acciones, se negocia la propiedad de una empresa. En cambio, cuando se compran o venden contratos de opciones, se negocia la posibilidad u obligación de comprar o vender la acción subyacente. La mera posesión de una opción no otorga al titular la propiedad de los valores subyacentes ni ningún derecho a dividendos.

¿Por qué operar con opciones?

Las opciones existen desde hace más de 40 años, pero apenas ahora han empezado a recibir la atención que merecen. Muchos inversores han ignorado las opciones porque son demasiado complejas y difíciles de entender. Como ni ellos ni sus agentes recibieron la formación adecuada sobre el uso de las opciones, muchas más personas han tenido experiencias negativas iniciales con ellas. Como cualquier herramienta potente, las opciones pueden utilizarse mal y causar graves problemas.

Por último, los medios financieros y ciertas personalidades conocidas del mercado han asociado erróneamente la palabra "arriesgado" o "peligroso" a las opciones. El inversor particular debe considerar ambos lados del argumento antes de decidir sobre el valor de las opciones.

Las opciones pueden ofrecer al inversor cuatro ventajas principales, sin ningún orden en particular. Con ventajas como éstas, es comprensible que las personas que llevan algún tiempo utilizando opciones se queden perplejas sobre por qué no son más populares. Examinemos cada una de estas ventajas por separado.

1. Rentabilidad:

Las opciones tienen mucho apalancamiento. Como resultado, un inversor puede adquirir una posición en opciones comparable a la de una posición en acciones ahorrando mucho dinero. Por ejemplo, un inversor tendría que desembolsar 16.000 dólares para comprar 200 acciones de un título de 80 dólares. El coste total, sin embargo, sólo sería de $4.000 si el inversor comprara dos opciones de compra de $20, cada una de las cuales representaría 100 acciones (2 contratos x 100 acciones/contrato x $20 precio de mercado). Después, el inversor dispondría de 12.000 dólares más.

No es tan fácil. El inversor debe elegir la mejor opción de compra para duplicar la posición en acciones. Sin embargo, esta táctica, que suele denominarse reposición de existencias, es factible y económica.

2. Menor riesgo, si se utiliza correctamente:

Hay casos en los que comprar opciones es más arriesgado que mantener acciones, pero hay otras circunstancias en las que el uso de opciones puede ayudar a reducir el riesgo. Todo depende de cómo se empleen. Debido al menor compromiso financiero que requieren, las opciones pueden ser menos arriesgadas para los inversores que las acciones y son más resistentes a los efectos potencialmente desastrosos de las aperturas de brechas.

Las opciones son más seguras que las acciones, ya que son el tipo de cobertura más fiable. Normalmente se emite una orden de stop-loss para salvaguardar la posición cuando un inversor compra acciones. La orden stop tiene por objeto detener las pérdidas por debajo de un precio determinado que el inversor ha especificado. Estas órdenes presentan dificultades por la forma en que están redactadas. Una orden stop se ejecuta cuando la acción se mueve al nivel o por debajo del límite especificado en la orden.

3. Mayor probabilidad de retorno:

No necesitas una calculadora para comprender que si gastas menos dinero obteniendo aproximadamente el mismo beneficio, tu % de rentabilidad será mayor. Las opciones suelen ofrecerse a los inversores cuando se amortizan.

4. Más opciones estratégicas:

Las opciones también ofrecen posibilidades de inversión adicionales, lo que constituye su última ventaja significativa. Las opciones son una herramienta increíblemente adaptable. Las opciones pueden utilizarse de diversas formas para replicar varias posiciones. Estas posiciones se denominan sintéticas.

Las posiciones sintéticas ofrecen a los inversores varias opciones para alcanzar los mismos objetivos financieros, lo que puede resultar beneficioso. Aunque las posiciones sintéticas se consideran un tema avanzado de las opciones, éstas también presentan una amplia gama de opciones estratégicas adicionales. Por ejemplo, cuando un inversor desea ponerse corto en una acción, muchos recurren a brokers que cobran un margen. El precio asociado a esta necesidad de margen puede ser muy elevado. Otros inversores trabajan con corredores que prohíben categóricamente la venta en corto de acciones. En la práctica, los inversores se ven maniatados y obligados a vivir en un mundo de blanco y negro mientras el mercado opera en color, ya que no pueden jugar a la baja cuando es necesario. Sin embargo, ninguna norma de los agentes de bolsa prohíbe a los inversores comprar opciones de venta para jugar a la baja, lo que constituye una clara ventaja de la negociación de opciones.

El inversor puede operar en la "tercera dimensión" del mercado o en la falta de dirección utilizando opciones. Las opciones permiten al inversor negociar no sólo cambios en los precios de las acciones, sino también cambios en el tiempo y en la volatilidad. La mayoría de las veces, las acciones no experimentan cambios significativos. Las pocas acciones que se mueven drásticamente lo hacen en contadas ocasiones. Tu capacidad para capitalizar el estancamiento puede ser la diferencia entre hacer realidad tus objetivos financieros y mantenerlos como aspiraciones lejanas. Sólo las opciones proporcionan las tácticas necesarias para tener éxito en cualquier mercado.

Riesgos del comercio de opciones

Miles de nuevos inversores abrieron cuentas de corretaje tras la pandemia. Lamentablemente, pocos compraron acciones de calidad para conservarlas; en su lugar, experimentaron con tácticas de alto riesgo y alta recompensa, como la negociación de opciones. Si tienes intención de operar con opciones, debes conocer todos los riesgos asociados.

Comprar y vender contratos basados en el valor de un activo subyacente, como una acción, un bono, una materia prima o una divisa, es una estrategia de inversión de alto riesgo conocida como negociación de opciones. Debido al potencial para obtener importantes beneficios y la capacidad para proporcionar apalancamiento, atrae a muchos inversores. Sin embargo, la negociación de opciones conlleva varios riesgos que, si no se gestionan adecuadamente, pueden dar lugar a graves pérdidas.

Los inversores deben estar informados de que la negociación de opciones puede ser arriesgada y de que existe la posibilidad de perder dinero. La posibilidad de que un inversor se exponga a más riesgos de los que puede asumir es uno de los principales riesgos de la negociación de opciones. Los inversores deben asegurarse de que comprenden el riesgo que asumen y de que disponen de los recursos financieros necesarios para hacer frente a sus pérdidas, ya que el apalancamiento obtenido mediante el uso de opciones puede magnificar tanto las ganancias como las pérdidas.

La negociación de opciones también implica un riesgo de liquidez. El inversor puede verse obligado a cumplir el contrato e incurrir en pérdidas si no encuentra a tiempo un comprador o un vendedor. Además, cuando se acerca el vencimiento, el valor temporal de los contratos de opciones disminuye, lo que puede reducir aún más el valor de la posición del inversor.

El tercer riesgo asociado a la negociación de opciones es la posibilidad de que se produzcan errores de valoración. Es concebible que el mercado tenga una valoración errónea, que provoque pérdidas imprevistas para el inversor, dado que la valoración de los contratos de opciones depende de intrincados modelos matemáticos. El precio de los contratos de opciones también está abierto a la especulación, lo que aumenta el riesgo de variaciones repentinas y significativas de los precios.

Por último, el riesgo de contraparte es un riesgo asociado a la negociación de opciones. Es el peligro de que la otra parte no cumpla su parte del trato, con el consiguiente coste para el inversor. Para protegerse de este riesgo, los inversores deben asegurarse de que sólo negocian con corredores de confianza o con bolsas reguladas por las autoridades competentes.

En conclusión, operar con opciones puede ser rentable, pero conlleva grandes riesgos. Antes de operar, los inversores deben conocer los riesgos que entraña y disponer de dinero para cubrir posibles pérdidas. Para evitar errores de valoración y pérdidas imprevistas, los inversores también deben asegurarse de que operan con corredores o bolsas de confianza y conocer los precios de los contratos de opciones.

2

Entender el mercado de opciones

Desde un planteamiento sencillo hasta operaciones detalladas y complejas, puedes utilizar diversas estrategias de negociación de opciones. Sin embargo, apostar por precios al alza suele hacerse negociando opciones de compra, y apostar por precios a la baja, negociando opciones de venta.

Los compradores y vendedores de opciones deben intercambiar al menos 100 acciones u otros activos. Sin embargo, no es obligatorio ejercer las opciones si una operación no da beneficios. Los inversores sólo perderán el precio que pagaron para comprar los contratos si deciden no ejercer sus opciones. En consecuencia, negociar con opciones puede resultar barato para especular con diversos tipos de activos.

¿Cuáles son los distintos tipos de opciones?

Si eres un inversor que busca instrumentos financieros a corto plazo, la opción es perfecta para ti. Se trata de un contrato derivado que otorga al propietario la facultad de comprar o vender valores dentro de un plazo predeterminado a un precio acordado. Las opciones de compra y venta son las más conocidas, aunque en el mercado bursátil existen varias opciones.

Opción de compra

En pocas palabras, una opción de compra implica un "derecho a comprar". Otorga al titular del contrato la opción de comprar una acción al precio de ejercicio decidido en cualquier momento hasta el día de vencimiento del contrato, o el mismo día. Cuando el mercado es alcista, un inversor comprará esta opción porque cree que el precio de mercado de la acción aumentará en el futuro. Al ejercer la opción y comprar las acciones al precio de ejercicio, que es inferior al precio de mercado actual, el titular de la opción puede beneficiarse de la subida del precio de las acciones.

Opción de venta

Por el contrario, una opción de venta concede al titular el "derecho a vender". Dentro del plazo de vencimiento, el titular de una opción de venta puede vender la opción como acciones a un precio de ejercicio. Una opción de venta se coloca cuando un inversor prevé un futuro descenso de la cotización del mercado (un mercado bajista). El tenedor de la opción de venta puede vender el activo al precio de ejercicio, superior al precio de mercado actual, a medida que el precio del activo subyacente disminuye en el mercado abierto. Como resultado, la inversión tiene éxito.

Lo esencial del precio de las opciones

Los contratos de opciones otorgan al comprador o inversor el derecho, pero no la obligación, de comprar y vender un valor a un precio predeterminado conocido como precio de ejercicio. Los contratos de opciones se negocian en bolsas de opciones y tienen una fecha de vencimiento conocida como expiración. Dado que obtienen su valor del valor subyacente o del precio de las acciones, los contratos de opciones se consideran derivados.

El comprador de una opción de compra de acciones querrá que el precio de la acción subyacente sea superior a su precio de ejercicio en el momento de su vencimiento. A la inversa, el comprador de una opción de venta preferirá que el precio de la acción subyacente sea inferior al precio de ejercicio de la opción de venta en el momento en que venza el contrato.

Numerosas variables afectan al coste de la prima de una opción y, en última instancia, a la viabilidad de un contrato de opciones. Los dos elementos siguientes son los más importantes a la hora de decidir si una opción es rentable cuando se ejercita "in the money" (ITM) o no cuando se ejercita "out of the money" (OTM).

Valor intrínseco

Uno de los elementos clave que afectan a la prima de una opción es su valor intrínseco. El valor intrínseco es la parte de la prima correspondiente a la diferencia de precio entre la cotización actual de la acción y el precio de ejercicio.

Consideremos una opción de compra que un inversor tiene sobre una acción que cotiza actualmente a $49 por acción. La prima de la opción es de $5 y el precio de ejercicio es de $45.

Dado que el precio de ejercicio de la opción se incrementó en $4 desde que se estableció, $4 del total de $5 de la prima representan el valor intrínseco.

El inversor en el caso ilustrado paga los $5 de coste inicial y recibe una opción de compra que le da derecho a comprar acciones al precio de ejercicio de $45. No se ejercerá hasta que la opción sea rentable o esté “in the money”. Sumando la prima al precio de ejercicio, $5 + $45, podemos determinar la cantidad que deben subir las acciones para que obtengamos beneficios: $50. El punto de equilibrio es $50, lo que significa que la acción debe subir más de $50 para que el inversor pueda beneficiarse (neto de comisiones del broker).

Para calcular la parte de la prima de una opción atribuible al valor intrínseco, el inversor debe restar el precio de ejercicio de la opción del precio actual de la acción. El valor intrínseco es importante porque aumenta la probabilidad de que los cambios en el precio de la acción subyacente tengan un mayor impacto en el valor y la rentabilidad de la opción. El nivel de variación del precio de una acción se conoce como volatilidad.

Evaluación del valor intrínseco

El término "delta" se refiere a la sensibilidad de una opción a los cambios en la acción subyacente. Los inversores deben esperar que la opción se mueva unos 60 céntimos por cada dólar que se mueva la acción, mientras que un delta de 1,0 indica que la opción posiblemente se mueva dólar por dólar con la acción.

El hecho de que la delta de las opciones de venta se muestre como un número negativo ilustra cómo el vínculo entre la opción de venta y el movimiento de las acciones es inverso. Si el precio cae $1 por acción, el valor de una opción de venta con una delta de -0,4 debería aumentar 40 céntimos.

Valor temporal

El valor temporal es el valor monetario vinculado al tiempo que queda antes de que venza una opción. Cuanto mayor sea el valor temporal incorporado a la prima de la opción, más próxima estará la fecha de vencimiento de la opción.

En otras palabras, el valor temporal se refiere a la fracción de la prima sobre el valor intrínseco que un comprador de opciones paga a cambio del derecho a poseer el contrato durante un tiempo determinado. De ahí que el valor temporal se denomine a menudo valor extrínseco.

Si a una opción le queda tiempo hasta el vencimiento, los inversores están dispuestos a pagar más por ella porque hay más oportunidades de ganar dinero. Dado que los inversores están dispuestos a pagar por ese tiempo adicional para que el contrato sea rentable o tenga valor intrínseco, cuanto más tiempo quede, mayor será la prima.

Recuerda que para que una opción tenga valor intrínseco, el precio de la acción subyacente debe subir por encima del precio de ejercicio. La probabilidad de que el precio de la acción suba por encima del precio de ejercicio y sea rentable aumenta con la duración del contrato. Por ello, el valor temporal es importante para determinar la prima de una opción y la posibilidad de que el contrato venza "in the money".

Decaimiento temporal

A medida que se acerca la fecha de vencimiento de la opción, el valor temporal disminuye gradualmente. El incentivo de un inversor para pagar la prima disminuye a medida que disminuye el tiempo restante de una opción, ya que hay menos oportunidades de beneficiarse de la opción. La posibilidad de obtener beneficios disminuye a medida que se acerca la fecha de vencimiento de la opción, lo que hace que el valor temporal disminuya. El decaimiento temporal es el proceso por el cual disminuye el valor del tiempo.

Durante su primera mitad, un contrato de opciones suele perder alrededor de un tercio de su valor temporal. A medida que se acerca la fecha de vencimiento de la opción, su valor disminuye cada vez más rápidamente hasta que finalmente llega a cero.

Los inversores deben tener en cuenta tanto el valor temporal como el decaimiento del tiempo a la hora de estimar la probabilidad de que una opción sea rentable. Debe quedar tiempo suficiente en la opción para obtener beneficios si el precio de ejercicio está lejos del precio actual de la acción. Determinar si una opción tiene alguna posibilidad de tener valor intrínseco requiere comprender el decaimiento temporal y la velocidad a la que se deprecia el valor temporal.

Evaluación del valor temporal

La letra griega theta representa el valor temporal. Theta reduce la prima, por lo que los compradores de opciones deben ser expertos en la sincronización con el mercado. Permitir que una operación rentable permanezca tanto tiempo que theta disminuya significativamente las ganancias es un error que cometen muchos operadores de opciones.

Por ejemplo, un operador puede comprar una opción por $1 y ver cómo sube a $5. Sólo $4 de la prima de $5 tienen valor intrínseco. La prima de la opción disminuirá gradualmente hasta los $4 al vencimiento si el precio de la acción no sube más. Antes de comprar una opción, debe establecerse una estrategia de salida clara.

Volatilidad y valor temporal

La volatilidad de una acción, o el grado de oscilación de los precios, también influye en la probabilidad de que una opción expire "in the money". Si los operadores anticipan la volatilidad, la volatilidad implícita, a veces denominada vega, puede aumentar la prima de la opción.

La percepción que tiene el mercado de la probabilidad de que cambie el precio de una acción se mide por la volatilidad implícita. Los operadores de opciones pedirán un precio mayor por las opciones que venden, ya que una volatilidad excesiva aumenta la probabilidad de que una acción se mueva más allá del precio de ejercicio.

Esta es la razón por la que acontecimientos tan conocidos como los beneficios suelen dar lugar a que los compradores de opciones obtengan beneficios inferiores a los previstos inicialmente. Aunque exista la posibilidad de que la acción se mueva significativamente, los precios de las opciones suelen ser elevados antes de que se produzcan tales acontecimientos, lo que reduce las posibles recompensas.

Por el contrario, los precios de las opciones tienden a bajar durante los periodos de calma extrema, lo que hace que su compra tenga un precio razonable. Sin embargo, la opción seguirá siendo barata, lo que ofrece una posibilidad limitada de obtener beneficios hasta que la volatilidad vuelva a aumentar.

3

Análisis técnico para el comercio de opciones

Los inversores y operadores utilizan a menudo la popular herramienta del análisis técnico para ayudarles a decidir qué hacer cuando operan con acciones y opciones.

Para muchos operadores de opciones, el análisis técnico proporciona señales de entrada y salida más claras para generar dinero en los mercados. El análisis técnico (cuando se aplica correctamente) tiene muchas pruebas empíricas que lo respaldan como una técnica de negociación fiable, aunque algunos inversores lo desprecien por arbitrario y poco concluyente.

Cualquier operador de éxito debe ser capaz de utilizar el análisis técnico en todo su potencial. El análisis técnico utilizado correctamente, junto con el análisis de volumen, puede aumentar tu ventaja en cada operación.

Comprender que estas evaluaciones son válidas incluso sin un acontecimiento clave como una demanda o un debate sobre fusiones y adquisiciones es crucial.

Estas ideas facilitan la observación de tendencias y retrocesos, calibran la fuerza del impulso de un activo e identifican posibles puntos de soporte y resistencia.

Indicadores técnicos importantes para operar con opciones

En función de su estilo de negociación y del tipo de valor con el que deseen operar, los operadores pueden utilizar cualquiera de los cientos de indicadores técnicos existentes.

Esta sección se centra en varios indicadores técnicos significativos muy apreciados por los operadores de opciones. En las operaciones a corto plazo, los indicadores técnicos suelen emplearse para ayudar al operador a determinar el rango del movimiento (cuánto), la dirección (en qué sentido) y la duración (cuánto tiempo).

El plazo de tenencia es importante, ya que las opciones están sujetas al decaimiento del tiempo. Mientras que un operador de opciones está limitado por el pequeño periodo determinado por la fecha de vencimiento de la opción, un operador de acciones puede mantener una posición indefinidamente. Dadas las limitaciones temporales, los indicadores de momento -que tienden a detectar niveles de sobrecompra y sobreventa- son muy apreciados por los operadores de opciones.

Examinemos algunos indicadores típicos que utilizan los operadores de opciones, como el impulso y otros.

RSI, o Índice de Fuerza Relativa

El índice de fuerza relativa mide el ritmo y el cambio de los movimientos de precios de un valor para identificar las condiciones de sobreventa y sobrecompra. Es un indicador de impulso que contrasta el tamaño de las ganancias recientes frente a las pérdidas recientes durante un periodo determinado. El RSI escala de 0 a 100, con valores por encima de 70 que suelen sugerir niveles de sobrecompra y por debajo de 30 que suelen indicar niveles de sobreventa.

El RSI es más eficaz para las opciones sobre valores específicos que para los índices, ya que las acciones individuales muestran posiciones de sobrecompra y sobreventa con más frecuencia. Para las operaciones a corto plazo basadas en el RSI, las opciones sobre acciones de alta liquidez y beta elevada son las perspectivas ideales.

Bandas de Bollinger

Las bandas de Bollinger son una herramienta habitual para evaluar la volatilidad, y todos los operadores de opciones son conscientes de la importancia de la volatilidad. Cuando la volatilidad sube, las bandas se ensanchan; cuando la volatilidad baja, se estrechan. La probabilidad de que un valor esté sobrecomprado o sobrevendido aumenta con la distancia entre el precio y las bandas superior e inferior.

El valor puede estar listo para una inversión si el precio se mueve fuera de las bandas, y los operadores de opciones pueden posicionarse en consecuencia. Por ejemplo, el operador podría abrir una posición larga de venta o corta de compra tras una ruptura por encima de la banda superior. Por otra parte, una ruptura por debajo de la banda inferior ofrecería la oportunidad de emplear una estrategia de compra de opciones de venta o de venta de opciones de compra.

Además, recuerda que suele ser una buena idea vender opciones durante los periodos de alta volatilidad, cuando los precios de las opciones son elevados, y comprar opciones durante los periodos de baja volatilidad, cuando son más asequibles.

Índice de impulso intradía (IMI)

El Intraday Momentum Index o Índice de impulso Intradía, es un indicador técnico fiable para los operadores de opciones de alta frecuencia que deseen apostar por los movimientos intradía. Indica los niveles de sobrecompra y sobreventa, y combina las ideas de las velas intradía y el RSI para proporcionar un rango adecuado (similar al RSI) para la negociación intradía. Un operador de opciones puede ser capaz de identificar posibles oportunidades utilizando el IMI para realizar una operación alcista durante una corrección intradía en un mercado con tendencia alcista o una operación bajista durante un bache de precios intradía en un mercado con tendencia bajista.

El IMI se determina dividiendo el total de días alcistas por la suma de días alcistas más la suma de días bajistas, o ISup/(ISup + ISdown), y multiplicando el resultado por 100. El periodo de tiempo más popular es de 14 días, aunque el operador puede seleccionar cualquier número de días. Al igual que con el RSI, la acción está sobrecomprado si la cifra resultante es superior a 70. Y la acción se considera sobrevendida si el resultado es inferior a 30.

Índice de flujos monetarios (MFI)

El MFI es un indicador de impulso que incorpora información sobre el precio y el volumen. También se denomina RSI ponderado por volumen. Una cifra superior a 80 indica que un valor está sobrecomprado, mientras que una calificación inferior a 20 sugiere que un valor está sobrevendido. El indicador MFI analiza la entrada y salida de dinero en un activo durante un periodo determinado (normalmente 14 días), y es una señal de "presión de negociación".

El MFI es más adecuado para la negociación de opciones basadas en acciones (a diferencia de la negociación de opciones basadas en índices) y contratos de mayor duración porque se basa en datos de volumen. Se puede anticipar un cambio de tendencia cuando el MFI va en dirección opuesta a la cotización de la acción.

Indicador del ratio Venta-Compra (PCR)

El ratio venta-compra compara el volumen de negociación de las opciones de compra y de venta. Las variaciones en el valor del ratio venta-compra, más que su valor absoluto, representan un cambio en el estado de ánimo del mercado.

Cuando se compran más opciones de compra que de venta, la relación es superior a 1, lo que denota una tendencia alcista. Cuando el volumen de opciones de venta supera al de opciones de compra, la relación es inferior a 1, lo que denota una tendencia bajista. Sin embargo, a veces los operadores consideran que la relación put-call es una indicación contraria, que les lleva a optar por operar en contra de las tendencias del mercado en previsión de un posible cambio de tendencia.

Interés abierto (OI)

Los contratos abiertos o no liquidados en opciones se indican mediante el interés abierto. El interés abierto da pistas sobre la fortaleza de una determinada tendencia, pero no siempre señala una tendencia alcista o bajista concreta. Un fortalecimiento de la tendencia se indica mediante la caída del interés abierto, mientras que un aumento del interés abierto señala nuevas entradas de capital y, por consiguiente, la sostenibilidad de la tendencia actual.

Patrones y tendencias de gráficos

Un patrón gráfico es una forma dentro de un gráfico de precios que ayuda a predecir lo que los precios pueden hacer en el futuro basándose en el rendimiento anterior. El análisis técnico se basa en patrones gráficos, lo que exige que los operadores sean plenamente conscientes de lo que están mirando y buscando.

Lo más importante que debes recordar al emplear patrones gráficos en tu análisis técnico es que no son una garantía de que un mercado se moverá en esa dirección anticipada; más bien, son sólo un resultado potencial para el precio de un activo.

Hombro y cabeza

Un patrón gráfico de hombro y cabeza tiene dos picos ligeramente más pequeños a cada lado de un pico enorme. Para predecir un cambio de tendencia alcista a bajista, los operadores buscan patrones de hombros y cabeza.

El primer y el tercer pico serán a menudo más pequeños que el segundo, pero todos volverán al mismo grado de apoyo, o la "línea del cuello", como resultado. Se espera que el tercer pico rompa a la baja una vez que haya retrocedido al nivel de soporte.

Dobles techos

Un doble techo es otro patrón que los operadores emplean para llamar la atención sobre los cambios de tendencia. El precio de un activo suele alcanzar un máximo antes de descender hasta un nivel de soporte. A continuación, volverá a ascender antes de dar un giro más permanente en contra de la tendencia actual.

Dobles fondos

Un patrón gráfico de doble fondo indica un periodo de venta que provocó que el precio de un activo cayera por debajo de un nivel de soporte. A continuación, subirá hasta un punto de resistencia antes de volver a bajar. Por último, cuando el mercado se vuelva más positivo, la tendencia se invertirá y empezará a subir.

Dado que un doble suelo señala la conclusión de una tendencia bajista y el comienzo de una alcista, se trata de un patrón de inversión alcista.

Fondo redondeado

Un patrón gráfico de fondo redondeado puede indicar tanto una continuación como una inversión. Por ejemplo, el precio de un activo durante una tendencia alcista puede bajar brevemente antes de volver a subir. Esto continuaría la tendencia positiva.

Un ejemplo de fondo redondeado de reversión alcista es cuando el precio de un activo está en una tendencia bajista mientras desarrolla un fondo redondeado antes de que la tendencia se invierta y comience una tendencia alcista.

Los operadores intentarán beneficiarse de este patrón comprando a mitad de camino alrededor del fondo, en el punto más bajo, y luego beneficiarse de la continuación después de que rompa por encima de un nivel de resistencia.

Taza y asa

Un patrón de continuación alcista denominado "taza y asa" se utiliza para ilustrar un periodo de sentimiento bajista en el mercado antes de que la tendencia general se mueva finalmente en dirección alcista. La copa se asemeja a un patrón gráfico de fondo redondeado, mientras que el asa se asemeja a un patrón de cuña, discutido en la siguiente sección.

El precio de un activo probablemente experimentará un breve retroceso después del fondo redondeado; este retroceso se denomina asa, ya que se limita a dos líneas paralelas en el gráfico de precios. Finalmente, el activo se liberará del asa y reanudará su tendencia alcista general.

Cuñas

Las cuñas se desarrollan a medida que se estrecha la distancia entre dos líneas de tendencia inclinadas para las variaciones de precios de un activo. Existen dos tipos de cuñas, a saber, las cuñas ascendentes y las cuñas descendentes.

Una línea de tendencia encajada entre dos líneas ascendentes de soporte y resistencia es un ejemplo de cuña ascendente. En este caso, la línea de soporte es más pronunciada que la línea de resistencia. Cuando el precio de un activo rompe el nivel de soporte, suele indicar que el precio bajará más drásticamente.

Una cuña descendente se produce entre dos niveles inclinados hacia abajo. La línea de resistencia, en este caso, es más pronunciada que la línea de soporte. Una cuña descendente suele indicar que el precio de un activo aumentará y atravesará el nivel de resistencia.

Las cuñas ascendentes son patrones de inversión que indican un mercado bajista, mientras que las cuñas descendentes indican un mercado alcista.

Banderas o banderines

Las banderas o los banderines se forman después de que un activo experimente un periodo de movimiento alcista, seguido de una consolidación. En la mayoría de los casos, la tendencia comenzará con una ganancia sustancial antes de degenerar en movimientos alcistas y bajistas más pequeños.

Los banderines pueden indicar una continuación o una inversión y ser alcistas o bajistas. Los banderines pueden considerarse en este contexto como un patrón bidireccional porque muestran continuaciones o retrocesos.

Aunque un diseño de banderín se asemeja a un patrón de cuña o de triángulo, ambos descritos en las siguientes secciones, es vital recordar que las cuñas son más delgadas que los banderines o los triángulos. Además, una cuña es ascendente o descendente, mientras que un banderín es siempre horizontal, lo que hace que las cuñas sean diferentes de los banderines.

Triángulo ascendente

El triángulo ascendente representa la continuación de una tendencia alcista y es una pauta de continuación positiva. Para crear triángulos ascendentes, se puede trazar una línea horizontal a lo largo de los máximos oscilantes, la resistencia, y una línea de tendencia ascendente a lo largo de los mínimos oscilantes, el soporte.

Los triángulos ascendentes suelen tener dos o más máximos idénticos, lo que permite crear una línea horizontal. La línea horizontal denota el grado de resistencia histórica para ese activo específico, mientras que la línea de tendencia representa la tendencia alcista general del patrón.

Triángulo descendente

Un triángulo descendente, por otro lado, denota una continuación bajista de una tendencia a la baja. Un operador suele abrir una posición corta durante un triángulo descendente para beneficiarse de un mercado que se hunde, quizá utilizando CFD.

Debido a que los triángulos descendentes significan un mercado dominado por los vendedores, normalmente se mueven a la baja y rompen el soporte, lo que hace que los picos sucesivamente más bajos sean más comunes y es poco probable que se inviertan.

Una línea de resistencia descendente y una línea horizontal de soporte indican triángulos descendentes. La tendencia acabará rompiendo el soporte y el movimiento descendente continuará.

Triángulo simétrico

La formación de triángulo simétrico puede ser alcista o bajista, dependiendo del mercado. En cualquier caso, suele ser una pauta de continuación, lo que indica que, una vez formada la pauta, el mercado seguirá moviéndose en la misma dirección que la tendencia general.

Los triángulos simétricos se forman cuando el precio converge con una cadena de máximos más bajos y mínimos más altos. El triángulo simétrico revela a veces que ha habido un breve periodo de retrocesos al alza, aunque la tendencia general sea bajista.

Sin embargo, el mercado podría romper en cualquier dirección si no hay una tendencia discernible antes de que el patrón triangular tome forma. En consecuencia, los triángulos simétricos son una pauta bilateral y se aplican mejor en mercados agitados en los que no está claro en qué dirección se moverá probablemente el precio de un activo.

Pedido de ayuda

Estimado entusiasta del comercio de opciones,

¡Saludos desde el fascinante mundo del trading de opciones! Prepárate para un emocionante viaje en el que sortearás la complejidad de los mercados financieros, aprovecharás el poder de los derivados y descubrirás la posibilidad de obtener sustanciosas recompensas.

Quiero subrayar la importancia de tus comentarios a medida que avanzas por las páginas de este libro. La comprensión y el éxito de los futuros operadores de opciones pueden verse influidos significativamente por tu perspectiva distintiva, que has desarrollado a través de tus experiencias y puntos de vista.

Te invito a que escribas una reseña sincera y compartas tus opiniones, sentimientos y principales conclusiones.

Tu reseña es un regalo para las personas que están a punto de embarcarse en el comercio de opciones y es algo más que una simple colección de palabras. Tus opiniones pueden motivarlos, educarlos y guiarlos para que tomen decisiones acertadas en este sector dinámico y en constante cambio.

Tus comentarios cuentan, y es posible que la lectura de una de tus reseñas inspire a otra persona a iniciar su propio negocio de negociación de opciones con éxito. Compartir tus experiencias puede motivar y capacitar a las personas para asumir riesgos calculados, desarrollar tus habilidades y alcanzar tus objetivos financieros.

Quiero darte las gracias de todo corazón por estar dispuesto a contribuir a nuestra comprensión colectiva del comercio de opciones. Tu reseña desempeñará un papel importante en el legado de este libro, ayudando a futuros lectores e influyendo en la forma de entender la negociación de opciones en los años venideros.

Agradezco tu contribución a nuestra extraordinaria comunidad. Tus conocimientos y experiencias no tienen precio, y tu contribución mejorará la vida de los aspirantes a operadores de opciones.

Te deseo un éxito sin fin y negocios rentables a través del fascinante mundo del trading de opciones. Muchas gracias.

4

Análisis fundamental para el comercio de opciones

Junto con el análisis técnico (AT), el análisis fundamental es una de las dos técnicas principales que emplean los inversores para descubrir oportunidades de inversión rentables para estrategias como la inversión en valor o la inversión en crecimiento. A continuación definiremos el análisis fundamental, describiremos su proceso y ofreceremos ejemplos.

¿Qué es el análisis fundamental?

El análisis fundamental (AF) es una técnica que ayuda a evaluar si un valor o activo cotiza con descuento respecto a su valor o con prima. Se utiliza a menudo en los mercados de valores y para bonos, divisas, materias primas e incluso criptomonedas.

El AF se basa en la teoría de que los precios de mercado pueden ocasionalmente sobrevalorar o infravalorar un activo porque no tienen en cuenta todas las consideraciones fundamentales importantes. Los inversores tienen en cuenta diversos elementos económicos y financieros, como la salud general de la economía, el nivel de competencia o los estados financieros de cada activo o valor, es decir, todo lo que afecta a una economía concreta.

Encontrar todos los datos disponibles y hacer inferencias sobre qué variables podrían afectar a la oferta y la demanda es similar a la investigación a la hora de determinar qué podría influir en el precio de las acciones de una empresa o de una materia prima concreta.

¿Cómo se realiza el análisis fundamental?

Dependiendo del método, los inversores realizan el análisis fundamental evaluando la salud de la economía general antes de centrarse en el rendimiento específico de una acción, o viceversa, examinando los resultados financieros de una empresa concreta.

Junto con el análisis técnico (AT), que parte del supuesto de que los precios de mercado reflejan con exactitud todos los factores fundamentales en lugar de utilizar los datos históricos de precios y volúmenes para prever los precios futuros, el análisis fundamental es una de las principales técnicas utilizadas para identificar nuevas oportunidades de inversión.

Los principales objetivos del análisis fundamental son hallar el valor justo o intrínseco del activo y determinar si está infravalorado o sobrevalorado.

Mecánica de las operaciones fundamentales

Un examen minucioso de la economía, el sector en el que opera la empresa y la propia empresa constituyen los cimientos del método básico de valoración de una empresa. El operador utiliza la información de este estudio para predecir las tendencias del mercado y calcular el valor intrínseco de la acción.

El operador también puede utilizar el análisis fundamental para evaluar si una acción está infravalorada o sobrevalorada y para ayudar a anticipar el valor futuro de la acción. Un análisis acertado puede revelar oportunidades de inversión que el mercado aún no ha identificado y ayudar al operador a realizar una inversión con éxito.

El operador puede aplicar varias metodologías al realizar un estudio fundamental de una empresa. Por ejemplo, puede decidir comparar empresas de un sector determinado con empresas de otros sectores.

Ejemplos de análisis fundamental en el trading

El éxito de la aplicación del análisis fundamental por parte de un operador depende de diversas variables. Pensar en el posible beneficio de la operación objetivo es un buen punto de partida. Es fundamental comprender las distintas formas en que el análisis fundamental puede ayudar a identificar operaciones potencialmente rentables, así como las razones por las que dichas operaciones podrían ser rentables.

He aquí dos ejemplos de cómo puede utilizarse el análisis fundamental para localizar inversiones potencialmente rentables.

Acciones establecidas

Las empresas establecidas, los fondos de inversión y otras instituciones financieras de envergadura realizan importantes oscilaciones en el mercado y pueden ayudar a los inversores a construir sus carteras. En esta situación, el beneficio de un inversor servirá como pago por los riesgos asumidos.

Se puede utilizar el análisis fundamental en varios métodos para decidir si una inversión en una acción conocida que cotiza en bolsa tiene potencial para ser rentable. El objetivo es sopesar cada dato que influye en el precio de la acción.

Los operadores tendrán en cuenta en primer lugar el clima económico actual, que incluye los acontecimientos nacionales e internacionales que podrían afectar a la empresa y al precio de sus acciones. Por ejemplo, ¿hay problemas locales (como guerras o huelgas) que dificulten a la empresa la obtención de los suministros que necesita para producir? ¿Influyen los problemas macroeconómicos, como la subida de los tipos de interés o la inflación, en la estructura de precios de la empresa? ¿Cuáles son las perspectivas del sector empresarial en su conjunto? ¿Existen elementos perturbadores que puedan tener un efecto perjudicial en el nicho de mercado de la empresa?

El siguiente paso en un estudio fundamental de operaciones es una investigación exhaustiva de la empresa. Es fundamental comprender el modelo de negocio y el flujo de ingresos de la organización. Los operadores revisarán las cuentas financieras de la empresa y analizarán los estados de flujos de caja, las cuentas de resultados y los balances de al menos dos años atrás. Durante esta evaluación, el operador buscará señales evidentes de crecimiento y una gestión eficiente que pueda mitigar cualquier circunstancia macroeconómica desfavorable, así como cualquier ventaja competitiva que pueda tener la empresa y que pueda estimular su crecimiento futuro.

Por último, el operador realizará un análisis competitivo de la empresa similar al análisis fundamental ya realizado. El operador analizará los resultados tanto de la empresa objetivo como de sus rivales para evaluar todas las empresas como inversiones viables. En esta fase del examen fundamental, el operador puede descubrir que la empresa tiene un buen potencial de inversión o que una empresa rival tiene un potencial mayor. O, después de pensarlo un poco, el operador puede decidir que ninguna de las empresas estudiadas sería una buena compra en este momento.

Ofertas públicas iniciales

Una oferta pública inicial (OPI) puede permitir a los inversores beneficiarse de la diferencia entre el precio al que se liquidarán finalmente las acciones y el precio de OPI de las mismas. Tus beneficios como operador sirven como pago por el riesgo que asumes.

Aunque muchos de los métodos de análisis fundamental descritos anteriormente están a disposición de los operadores, pueden no ser suficientes para evaluar el potencial de beneficios de una OPI. Las OPI pueden conllevar riesgos que un análisis fundamental no puede tener en cuenta. Por ejemplo, realizar un análisis fundamental de las OPI de empresas relativamente nuevas puede resultar difícil porque no se dispone de mucha información histórica para evaluar y comparar.

Además, debido a la amplia publicidad en los medios de comunicación, el precio de las acciones de una OPI puede aumentar ocasionalmente. Algunos inversores compran en una OPI sin hacer los deberes ni la diligencia debida porque se dejan llevar por sus instintos de rebaño y siguen a la multitud. Esto puede dar lugar a un precio de las acciones inicialmente alto que cae bruscamente una vez que comienza el trading.

Consideraciones especiales

El análisis fundamental no suele utilizarse para tomar decisiones tácticas inmediatas. El movimiento correcto puede hacerse en el momento adecuado con la ayuda del análisis técnico; sin embargo, un análisis fundamental debe utilizarse estratégicamente en un marco temporal más largo.

Un operador puede conocer la salud general del mercado y el atractivo de un valor concreto en comparación con otros valores utilizando el análisis fundamental. Para elegir cuándo y cómo responder a la información obtenida mediante el análisis fundamental, algunos inversores prefieren utilizar el análisis técnico.

5

Desarrollar una estrategia de trading de opciones ganadora

Cuando se hace correctamente, el trading de opciones es uno de los medios más eficaces para crear riqueza a largo plazo. Si eres un recién llegado al mercado de valores o a la inversión, es posible que no estés familiarizado con las opciones o las estrategias de comercio de opciones. Pero no te preocupes, ¡nosotros te cubrimos!

A cambio de una prima entregada por el comprador al vendedor, un inversor puede comprar o vender un instrumento, como una acción o incluso un índice, a un precio determinado durante un periodo predeterminado a través de una opción.

Este capítulo abordará algunas de las principales estrategias de negociación de opciones que, en nuestra opinión, todo operador o inversor debería, como mínimo, conocer. Pero primero, ¿cómo elegir la estrategia adecuada para tu estilo de negociación?

Elegir la estrategia de negociación adecuada

Aunque seas un experto en el comercio de opciones, probablemente no ganarás mucho dinero a menos que puedas poner en práctica esos conocimientos y elegir sabiamente qué operaciones realizar y cuándo. Decidir qué estrategia emplear es el aspecto más difícil de la planificación de cada operación.

Esto es cierto si te estás iniciando en la negociación de opciones o no conoce a fondo las numerosas estrategias que pueden emplearse. Incluso a los operadores experimentados a veces les resulta difícil elegir la estrategia ideal. Al mismo tiempo, es cierto que cuanta más experiencia tengas en la negociación de opciones, más fáciles te resultarán estas decisiones.

La verdad es que no existe una estrategia correcta. Hay que tener en cuenta muchas cosas, y una estrategia que puede ser eficaz en una situación puede ser inadecuada en otra. También depende mucho de cada persona, porque lo que es adecuado para un operador puede no serlo para otro.

Aunque no podemos garantizarte que utilizarás el enfoque correcto en cualquier circunstancia, sí podemos darte indicaciones sobre cómo decidir por ti mismo. A continuación, examinamos algunos de los factores en los que deberías pensar.

Si aún estás aprendiendo a operar con opciones, te aconsejamos que te tomes tu tiempo para determinar el mejor enfoque cada vez que abras una nueva posición. A medida que adquieras experiencia, mejorará tu comprensión del funcionamiento de cada estrategia y te resultará más fácil tomar decisiones.

¿Qué perspectivas tienes?

Tu perspectiva sobre la acción subyacente se refiere a lo que anticipas que ocurrirá con su precio, por ejemplo, si crees que subirá o bajará. Éstas son las dos únicas perspectivas que pueden resultar rentables en muchos tipos de inversión. Por ejemplo, los operadores de bolsa pueden comprar valores que creen que se revalorizarán o adquirir valores que creen que se depreciarán; éstas son esencialmente las dos únicas formas de obtener beneficios.

Sin embargo, los operadores de opciones pueden tener en cuenta cuatro posibles perspectivas: alcista (que se espera que el precio suba), bajista (que se espera que el precio baje), neutral (que se espera que el precio no cambie, o al menos que sea razonablemente constante) y volátil (que se esperan grandes oscilaciones del precio). Esto aumenta el número de cosas a tener en cuenta y el número de formas de ganar dinero.

Con tantas opciones, puedes afinar tu perspectiva para tomar la decisión correcta. Por ejemplo, si tienes una perspectiva optimista, puedes clasificarla además como algo alcista (se espera una ligera subida de los precios) o extremadamente alcista (se espera una gran subida de los precios).

Elegir un plan eficaz es considerablemente más fácil cuando tu perspectiva es más definida. Por ejemplo, si anticipas que el precio de una inversión subyacente va a crecer mucho, sabrás que no debes emplear una estrategia que sólo gane dinero con subidas modestas del precio y deje de ganar dinero si el precio sube más.

Además, puedes mezclar perspectivas. Por ejemplo, puedes prever que el precio de un valor subyacente aumente con el tiempo pero se mantenga estable a corto plazo. Otra posibilidad es que preveas un precio muy constante y, al mismo tiempo, consideres la posibilidad de un descenso. Existen estrategias que puedes emplear en ambas situaciones. Estos ejemplos ponen de relieve lo adaptable que es el comercio de opciones, al tiempo que subrayan el valor de tener una perspectiva precisa y tomar las medidas adecuadas.

Como ya hemos indicado, cuando te familiarices con los distintos tipos y empieces a emplearlos, lógicamente te resultará más fácil seleccionar una estrategia adecuada a tu perspectiva. Pero puede que te resulte más difícil, a menos que tengas bastante experiencia.

Riesgo VS recompensa

Debes tener en cuenta la gestión del riesgo a la hora de decidir qué tácticas emplear. Los perfiles de riesgo de las distintas estrategias pueden diferir mucho; algunas tienen pérdidas máximas predeterminadas, mientras que otras tienen riesgos ilimitados. Familiarizarte con los gráficos de riesgo puede ayudarte a determinar si un perfil de riesgo se ajusta a tu tolerancia personal al riesgo. La relación riesgo-recompensa es otro factor importante, porque compara la cantidad de beneficio potencial con la pérdida probable.

¿Una sola posición o un abanico de opciones?

La creación de diferenciales es un componente clave de muchas estrategias de negociación de opciones, ya que permite combinar muchas posiciones en una sola de forma eficaz. Sus principales ventajas consisten en emplear estos diferenciales para reducir el riesgo y disminuir la inversión inicial necesaria para tomar una posición que puede beneficiarse de varios resultados.

En consecuencia, emplear diferenciales en lugar de abrir una única posición suele ser una buena idea. Algunas de las ventajas de adoptar una posición única consisten esencialmente en comprar o suscribir un solo tipo de contrato de opciones.

En primer lugar, abrir una posición única te costará menos en comisiones que crear diferenciales, ya que intervienen menos transacciones. Esto puede afectar significativamente a la rentabilidad de las operaciones, especialmente si realizas muchas operaciones pequeñas. En ocasiones, los diferenciales pueden reducir la rentabilidad potencial de una operación, mientras que una posición única puede generar mayores beneficios. Por lo tanto, aunque creemos que los diferenciales son a menudo una mejor opción, puede haber ocasiones en las que merezca la pena considerar una posición única.

Niveles de negociación obligatorios

Tu corredor asignará un nivel de negociación a tu cuenta, que, en parte, dictará el que tú utilices. Para cumplir los requisitos normativos y evitar que tus clientes asuman más riesgo del que deberían, los corredores asignan a cada cuenta un nivel de negociación basado principalmente en los antecedentes y la situación financiera del cliente. Sólo puedes aplicar algunas estrategias con un nivel de negociación bajo, ya que las que implican mucho riesgo requieren un nivel de trading mayor. En consecuencia, sin duda debes tener esto en cuenta a la hora de elegir tu estrategia en cualquier circunstancia.

Complejidad de la estrategia

Hay muchos niveles de complejidad de la estrategia cuando se trata de negociar opciones. Hay algunas que son bastante sencillas, normalmente las que requieren una o dos transacciones. Otras requieren tres o más transacciones y también son más sofisticadas. Debes tener en cuenta la complejidad de una estrategia a la hora de elegirla, ya que influye en diversos factores relacionados con la negociación.

Una de las razones es que gastarás más en comisiones de broker cuantas más transacciones necesites, como hemos explicado antes. Debes tener esto en cuenta porque puede afectar significativamente a tus posibles beneficios, especialmente si operas con un presupuesto ajustado.

Puede ser difícil determinar las ganancias y pérdidas potenciales de una operación y qué fluctuaciones de precios te beneficiarán más si utilizas las estrategias más complejas. Elegir los mejores puntos de entrada y salida para una posición es un componente crucial de la planificación de la operación, y hacerlo suele ser mucho más fácil cuando se emplean estrategias más sencillas. Sin embargo, debes ser consciente de los retos adicionales que esto puede suponer. Esto no implica que nunca deba utilizar las más sofisticadas, porque a menudo son la mejor opción.

Las más difíciles también te plantean una decisión adicional: si ejecutar todas las operaciones necesarias simultáneamente o ejecutar cada orden por separado. Muchos corredores en línea disponen de funciones que te permiten elegir tu estrategia, y las órdenes que necesites se ejecutarán entonces de forma automática y simultánea. Esto facilita enormemente el día a día.

Sin embargo, si decides utilizar "leggings", deberás encontrar la ubicación óptima para cada orden y pasar por el procedimiento de colocar cada una por separado. Esto puede hacer las cosas un poco más difíciles, pero puedes aumentar tus ganancias si consigues entrar y salir de las posiciones en los momentos adecuados.

Estrategias de negociación de opciones para principiantes

Por complejas que sean, las opciones de compra y venta son la base de todas las estrategias de opciones. A continuación, hemos enumerado las cinco estrategias más comunes, sus desgloses de rentabilidad y riesgo, y cuándo un operador podría utilizarlas como apalancamiento para su próxima inversión. Estas estrategias, por sencillas que sean, pueden ayudar a un operador a ganar mucho dinero, pero no están exentas de riesgos. Antes de empezar, echa un vistazo a estos manuales sobre opciones de compra y opciones de venta.

1. Llamada larga:

Al "ir largo" en una opción de compra, el inversor compra una opción de compra en esta estrategia, esperando que el precio de las acciones suba por encima del precio de ejercicio al vencimiento. El beneficio potencial de esta operación es ilimitado, y si las acciones suben, los inversores podrían ganar varias veces su inversión inicial.

Por ejemplo, una opción de compra con un precio de ejercicio de $20 y un vencimiento de cuatro meses se negocia a $1 por la acción X, que actualmente cotiza a $20 la acción. Un contrato cuesta $1, cada uno de los cuales representa 100 acciones, con un coste total de $100.

Riesgo/Recompensa - En este caso, el precio de ejercicio más la prima pagada de $1 es igual a $21 por acción, y el precio del operador se equilibra. Por cada dólar que la acción suba por encima de $20, el valor de la opción aumenta en $100. La opción vence sin valor cuando la acción cotiza al precio de ejercicio o por debajo de éste.

La ganancia potencial de una opción de compra larga es prácticamente ilimitada. El precio de la opción de compra puede subir aún más si la acción sigue subiendo antes del vencimiento. Las "llamadas largas" son una de las estrategias más populares para apostar por una subida del precio de las acciones.

El riesgo de una opción de compra larga es la pérdida total de la inversión, en este caso, 100 dólares. La opción de compra expirará sin valor, dejándote sin nada si la acción cierra por debajo del precio de ejercicio.

Cuándo utilizarla - Una llamada larga es una buena alternativa si prevés que la acción subirá significativamente antes de que venza la opción. Si la acción sube ligeramente por encima del precio de ejercicio, la opción puede seguir siendo rentable, pero es posible que ni siquiera te devuelva la prima, con lo que tendrías una pérdida neta.

2. Compra cubierta:

Vender una opción de compra es "ir corto" en una opción de compra cubierta. En este caso, el operador vende una opción de compra, pero también adquiere 100 acciones del título subyacente a la opción. Al poseer las acciones, la operación de compra en corto se convierte en una inversión relativamente segura y potencialmente lucrativa. Los operadores prevén que el precio de las acciones será inferior al precio de ejercicio al vencimiento. El propietario debe intercambiar las acciones con el comprador de la opción de compra al precio de ejercicio cuando las acciones cierren por encima del precio de ejercicio.

Ejemplo: Las acciones de la acción X cotizan a $20, y una opción de compra con un precio de ejercicio de $20 y vencimiento a cuatro meses cotiza a $1. Se paga como prima un contrato * $1 * 100 acciones que representa cada contrato, es decir, $100. El operador gasta $2.000 en comprar 100 acciones y gana $100 vendiendo una opción de compra.

Recompensa/Riesgo - En este caso, el precio de ejercicio menos la prima de $1 pagada da como resultado un precio de equilibrio para el operador de $19 por acción. Por debajo de $19, la acción perdería dinero, lo que compensaría con creces la prima de $1 y haría que el operador perdiera dinero. El operador se quedaría con la acción y conservaría toda la prima exactamente a $20. La ganancia se limita a $100 por encima de $20. La “llamada corta” pierde $100 por cada dólar por encima de $20, pero la ganancia en las acciones compensa completamente esta pérdida, dando al operador sólo la prima inicial de $100 como beneficio.

Por mucho que suba el precio de las acciones, la subida de la opción de compra cubierta se limita a la prima pagada. No se puede ganar más dinero, pero se puede perder mucho más. La llamada corta anula por completo cualquier beneficio que hubieras obtenido de la subida de las acciones.

Si la acción cae a cero, la desventaja es una pérdida total de la inversión, que la prima mitigaría; si la acción baja, la opción de compra cubierta te expone a una gran pérdida. Por ejemplo, en nuestro caso, la pérdida total sería de $1.900 si la acción cayera a cero.

Cuándo utilizarla - Si ya posees las acciones y no prevés que suban considerablemente en breve, una opción de compra cubierta puede ser una forma excelente de ganar dinero. Así, la estrategia te permite convertir tus posesiones actuales en un flujo de efectivo. Puede ser útil en cuentas con ventajas fiscales en las que, de otro modo, tendrías que pagar impuestos sobre la prima y los beneficios de capital si se rescata la acción. Las opciones de compra cubiertas son populares entre los inversores de más edad que necesitan ingresos.

3. Venta larga:

En este enfoque, el operador compra una opción de venta, a menudo conocida como opción de venta "larga", esperando que el precio de la acción sea inferior al precio de ejercicio al vencimiento. Si la acción baja drásticamente, el beneficio potencial de esta operación podría ser varias veces superior a la inversión inicial.

Por ejemplo, una opción de venta con un precio de ejercicio de $20 y un vencimiento de cuatro meses se negocia a $1 por la acción X, que actualmente cotiza a $20 la acción. Un contrato cuesta $1, cada uno de los cuales representa 100 acciones, con un coste total de $100.

Riesgo/Recompensa - En este caso, la opción de venta es rentable si la acción cierra a $19 por acción al vencimiento de la opción, que es el precio de ejercicio menos la prima de $1. Cada dólar que la acción cae por debajo de $20, el valor de la opción de venta aumenta en $100. La opción de venta vence sin valor por encima de $20, y el operador pierde la prima de $100.

Dado que la ganancia puede superar el coste de la prima de la opción, el potencial alcista de una opción de venta larga es prácticamente tan bueno como el de una opción de compra larga. La subida de una acción está limitada por el hecho de que nunca puede caer por debajo de cero, mientras que la subida de una opción de compra larga es potencialmente ilimitada. Una alternativa más segura a ir corto en una acción es utilizar opciones de venta largas, otra estrategia sencilla y muy popular para apostar por el desplome de la acción.

La mayor pérdida en una opción de venta larga es la prima, que es de 100 dólares. La opción de venta vence sin valor, y tú pierdes tu inversión si la acción cierra por encima del precio de ejercicio en el momento del vencimiento de la opción.

Cuándo utilizarla - Una opción de venta larga es una inversión inteligente cuando se prevé que la acción bajará significativamente antes de que venza la opción. La opción será rentable si la acción cae ligeramente por debajo del precio de ejercicio, pero puede que no devuelva la prima, con lo que habrá una pérdida neta.

4. Venta corta:

Esta estrategia es la opuesta a la opción de venta larga; sin embargo, en este caso, el operador vende una opción de venta (lo que se conoce como "ir corto" en una opción de venta) y prevé que el precio de las acciones superará el precio de ejercicio en el momento en que venza la opción de venta. Lo máximo que puede ganar una opción de venta corta es una prima en efectivo, que el operador recibe a cambio de la venta. El operador debe comprar las acciones al precio de ejercicio si éste cierra por debajo de dicho precio al vencimiento de la opción.

Ejemplo: Las acciones de la acción X cotizan a $20 cada una, y una opción de venta con un precio de ejercicio de $20 y un vencimiento de cuatro meses cotiza a $1. Se paga como prima un contrato * $1 * 100 acciones que representa cada contrato, es decir, $100.

Riesgo/Recompensa - En este caso, la opción de venta corta se iguala a $19 (el precio de ejercicio menos la prima recibida) o alcanza el punto de equilibrio. Por cada dólar que baje el precio por debajo de $19, la opción de venta en corto le cuesta al operador $100, mientras que por encima de $20, el vendedor de la opción de venta recibe la totalidad de la prima de $100. El vendedor de la opción de venta recibiría una parte de la prima, pero no toda, entre 19 y 20 dólares.

La ganancia potencial de la opción de venta corta se limita siempre a la prima pagada, en este caso, $100. La mayor rentabilidad de una opción de venta corta es la cantidad pagada al vendedor por adelantado, al igual que con una opción de compra corta o cubierta.

Si el precio cayera a cero, la desventaja de una opción de venta al descubierto sería igual al valor total de la acción subyacente menos la prima recibida. En este caso, el operador tendría que invertir $2.000 en la empresa (100 acciones * precio de ejercicio de $20), pero la prima de $100 obtenida anularía este coste, lo que supondría una pérdida total de $1.900.

Cuándo utilizarla - Una opción de venta corta es la forma correcta de actuar cuando se prevé que la acción cerrará al precio de ejercicio o por encima del mismo al vencimiento de la opción. Para que la opción expire sin valor y tú puedas quedarte con la totalidad de la prima pagada, la acción debe estar al precio de ejercicio o por encima de él.

Si la acción se te vende a ti, tu corredor querrá asegurarse de que tienes suficiente capital en tu cuenta para comprarla. Si la opción de venta vence "in the money", muchos operadores tendrán suficiente efectivo o margen en sus cuentas para comprar la acción. Sin comprar las acciones directamente, es fácil cerrar la posición de opciones antes de que venza y asumir la pérdida.

Los inversores a largo plazo que deseen comprar las acciones al precio de ejercicio y recibir algún dinero extra a cambio también pueden encontrar beneficiosa esta técnica.

5. Venta casada:

Esta estrategia es similar a la opción de venta larga, pero con un matiz. El operador compra una opción de venta además de poseer la acción subyacente. Se trata de una operación de cobertura en la que el operador anticipa una subida de la acción, pero busca un "seguro" en caso de que baje. La opción de venta larga contrarresta cualquier posible reducción del precio de la acción.

Por ejemplo, una opción de venta con un precio de ejercicio de $20 y un vencimiento de cuatro meses se negocia a $1 por la acción X, que actualmente cotiza a $20 la acción. Un contrato cuesta $1, cada uno de los cuales representa 100 acciones, con un coste total de $100. Por $2.000, el operador compra 100 acciones y una opción de venta.

Riesgo/Recompensa - En este caso, la opción de venta casada alcanza el punto de equilibrio a $21, el precio de ejercicio más el gasto de la prima de $1. Por debajo de $20, la opción de venta larga anula la pérdida de la acción dólar por dólar. Aunque la opción de venta expira sin valor y el inversor pierde la prima pagada, en este caso $100, el beneficio total aumenta en $100 por cada dólar que la acción sube por encima de $21.

En teoría, la subida máxima de la opción de venta casada es ilimitada, menos el coste de la opción de venta, siempre que el precio de la acción siga subiendo. La prima es lo que cuesta asegurar la acción y darle la oportunidad de subir con poco riesgo porque la opción de venta casada está en una posición cubierta.

El coste de la prima es el inconveniente de la opción de venta casada. La opción de venta gana valor a medida que disminuye el valor de la acción, igualando la pérdida dólar por dólar. Gracias a esta cobertura, el inversor sufre la menor pérdida por el coste de la opción frente a la mayor pérdida por las acciones.

Cuándo utilizarla - Si crees que el precio de una acción subirá mucho antes de que venza la opción, pero también corre el riesgo de que baje mucho, una opción de venta casada puede ser una inversión inteligente. La opción de venta casada te permite conservar la acción y beneficiarte de posibles ganancias si sube, al tiempo que te proteges de una pérdida sustancial si baja. Por ejemplo, un operador que desee cubrirse puede anticipar noticias, como los beneficios, que podrían hacer subir o bajar la acción.

6

Operar con opciones sobre acciones

Conocer las diferentes estrategias de negociación que pueden utilizarse para obtener el máximo beneficio es importante porque el mercado de valores es cada día más difícil de navegar. Los operadores de hoy en día deben comprender que, para maximizar los beneficios de sus operaciones, necesitan conocer las numerosas estrategias utilizadas por los especialistas en lugar de aprovechar la primera oportunidad que se les presente. Estas estrategias pueden reducir el riesgo y aumentar las ganancias. Los operadores pueden aprender a beneficiarse de la flexibilidad de cualquier acción con un poco de trabajo.

Aquí enumeramos las mejores estrategias de negociación de opciones para que la gente las pruebe. Tu estilo de negociación determinará si decides aplicar estas estrategias, pero al menos, si sabes cómo funcionan, estarás más preparado para adaptarte a las cambiantes condiciones del mercado.

Estrategias para operar con opciones alcistas

Veamos primero algunas estrategias de negociación de opciones alcistas.

Diferencial de compra alcista

La subcategoría de diferenciales de deuda de estrategias de negociación de opciones incluye el diferencial de compra alcista. Considera la compra de una opción de compra para una apuesta alcista de menor riesgo si estás alcista en una empresa o ETF pero no quieres arriesgarte a comprar acciones por completo.

En tanto, las opciones de compra pueden ser caras y exponerte a un riesgo mayor del que está acostumbrado. Quizá estés pensando: "¿Hay otra forma?". Sí, ésa es la respuesta. Para reducir el coste inicial y el riesgo, podrías comprar un diferencial de compra alcista.

En la opción diferencial de compra alcista, puedes seguir comprando la opción de compra larga que expresa los puntos de vista alcistas, pero puedes compensar parte de ese precio vendiendo una opción de compra corta que se le opone, reduciendo así tu riesgo.

Puedes crear un diferencial de compra alcista comprando una opción de compra y vendiendo otra con la misma fecha de vencimiento pero con un coste inferior y un precio de ejercicio superior. Este enfoque también se considera el mejor para vender opciones.

Diferencial de venta alcista

La estrategia de negociación de opciones diferencial de venta alcista es empleada por operadores de opciones que predicen que el precio del activo subyacente subirá gradualmente. Esta opción suele pertenecer al grupo de los diferenciales de crédito.

Este spread consiste en vender y comprar una opción de venta con un strike menor. El decaimiento de Theta te beneficiaría en este escenario, dado que la Opción de Venta Corta perderá valor más rápidamente que la posición de Opción de Venta Larga.

En esta situación, sería preferible ejecutar una posición de venta alcista, ya que el deterioro de theta hace que dicha posición se revalorice rápidamente cada día. Este método se considera una excelente estrategia de compra de opciones.

Difusión del ratio de compra alcista

Un operador debe tener una fuerte predisposición positiva hacia la acción para realizar esta operación. Ser sólo un poco alcista no ayudará con esta operación. Una peculiaridad de la difusión del ratio de compra alcista es que la mayor pérdida se produce en la dirección en la que el operador espera que progrese la operación.

La difusión del ratio de compra alcista es una estrategia alcista que podría emplearse en lugar de comprar únicamente opciones de compra. Vender una o más opciones de compra at-the-money o out-of-the-money y comprar dos o tres opciones de compra más largas in-the-money que la opción de compra vendida para formar la difusión del ratio de compra.

Esta táctica también se considera la mejor para vender opciones.

Llamada sintética

Un inversor compra y mantiene acciones para iniciar una opción de compra sintética, también conocida como opción de compra larga sintética. El inversor también compra una opción de venta at-the-money sobre las mismas acciones como seguro contra una caída del valor de la acción.

Muchos inversores consideran este método como una póliza de seguro contra una caída significativa del valor de las acciones mientras las mantienen en su poder.

Estrategias para operar con opciones bajistas

Las estrategias de negociación para las opciones bajistas son las siguientes:

Diferencial de compra bajista

Si las perspectivas del mercado son desfavorables, puede utilizarse un método de negociación de opciones dobles conocido como "diferencial de compra bajista".

Al emplear esta estrategia, un operador venderá una opción de compra a más corto plazo y, al mismo tiempo, comprará una opción de compra a más largo plazo con un precio de ejercicio más alto y el mismo activo subyacente y fecha de vencimiento. Se obtiene un beneficio neto al obtener una prima de opción mayor en la opción de compra vendida que en la comprada.

Diferencial de venta bajista

Cuando un operador o inversor cree que el precio de un valor o activo bajará ligeramente, utilizará un diferencial de venta bajista. Un diferencial de venta bajista se crea comprando opciones de venta y vendiendo un número igual de opciones de venta sobre activos similares con la misma fecha de vencimiento y un precio objetivo bajo.

El mayor beneficio que puede obtener un operador con este enfoque es la diferencia entre estos dos precios de ejercicio, menos el coste total de las opciones.

Strip

Un inversor optimista sobre la volatilidad y pesimista sobre la dirección del mercado debe utilizar la estrategia strip. Este enfoque consiste en comprar dos lotes de "Opciones de venta At-the-Money" y "Opciones de compra At-the-Money". Ambas alternativas deben utilizar el mismo valor subyacente y el mismo mes de vencimiento. Una forma bajista del strip es idéntica al straddle largo estándar.

Cuando el subyacente realiza un movimiento sustancial al vencimiento, moviéndose más favorablemente hacia la pérdida, la estrategia strip puede producir ganancias significativas.

Venta sintética

Para un inversor, vender en corto una acción y comprar una opción de compra equivale al riesgo de comprar una opción de venta.

Al poseer tanto una opción de compra larga como una posición corta sobre la misma acción, esta estrategia de opciones se asemeja a una opción de venta larga. En una palabra, es una estrategia que los operadores podrían utilizar si tienen una apuesta bajista sobre una acción pero les preocupa su probabilidad de mostrar fortaleza a corto plazo.

Evaluación de oportunidades en diversos sectores

Llegados a este punto, es hora de empezar a planificar cómo identificarás las oportunidades de negociación. Aunque conozcas a fondo el comercio de opciones, tus conocimientos serán inútiles hasta que puedas ponerlos en práctica y detectar oportunidades de comercio rentables.

Aunque la negociación de opciones es extremadamente complicada, cualquiera que esté dispuesto a esforzarse por dominar el tema puede llegar a tener éxito. Sin embargo, no basta con saber cómo operar con opciones, sino que también hay que saber cómo sacar provecho de ello. Tendrás que hacer el esfuerzo necesario para identificar las posibilidades adecuadas y luego realizar las transacciones apropiadas; por lo tanto, esto requiere trabajo duro y dedicación.

Si puedes lograrlo con regularidad, es probable que tus objetivos se hagan realidad. En esta página se examina cómo encontrar posibilidades de éxito en el comercio de opciones.

¿Qué activos subyacentes?

Aunque los contratos de opciones son activos en sí mismos, son derivados cuyo valor se deriva de los activos subyacentes con los que están relacionados. Las acciones, las divisas, las materias primas y los índices son sólo algunos ejemplos de los muchos activos subyacentes que pueden utilizarse para comprar y vender contratos de opciones.

La negociación de opciones es un tipo de inversión especialmente flexible, ya que se puede invertir en diversos instrumentos financieros simplemente comprando y vendiendo contratos de opciones. Elegir qué instrumentos financieros incluir debe ser una de tus primeras consideraciones a la hora de buscar posibles posibilidades de negociar opciones.

Debe quedar claro que no estás obligado a elegir negociar únicamente opciones sobre acciones, divisas o índices. Eres libre de comprar y vender tantas opciones como desees. Sin embargo, debes considerar cómo investigarás las posibles transacciones y cómo encontrarás las posibilidades pertinentes.

Dada la variedad de opciones, tendrías más posibilidades de descubrir oportunidades si optaras por tener en cuenta una variedad de valores subyacentes diferentes. Sin embargo, tendrías que estar dispuesto a invertir mucho tiempo en investigar diversos mercados financieros, lo que podría dificultarte encontrar tantas posibilidades como desearías.

Alternativamente, si decidieras negociar exclusivamente opciones sobre acciones basadas en valores de un sector concreto, podrías limitar el estudio únicamente a las empresas que cotizan en bolsa relacionadas con ese sector. Podrías convertirte en una autoridad en esa área y, utilizando tus conocimientos, llegar a ver mucho mejor las posibilidades relacionadas con ella.

Por supuesto, la desventaja de adoptar una estrategia tan limitada es que podrías dejar pasar muchas otras oportunidades en diversos sectores y mercados que ni siquiera estás considerando.

No hay una forma perfecta de buscar posibilidades, así que no podemos ofrecerte ningún consejo al respecto. Depende de ti elegir con qué te sientes cómodo y qué cree que te proporcionará las mejores posibilidades de éxito, pero lo único que te pedimos es que te tomes el tiempo necesario para pensar en los activos subyacentes que deseas incluir.

Utilizar tu experiencia en un sector o mercado específico tiene sentido si la tienes, pero no hay nada malo en adoptar una perspectiva más amplia. Puedes optar por estudiar las variaciones de precio de los contratos de opciones y operar adecuadamente en lugar de investigar y analizar los activos subyacentes de las opciones.

Investigar

La aparición de la tecnología y la intención en línea ha tenido diversos efectos en el comercio y la inversión. Así surgieron los brokers en línea, que simplificaron enormemente el proceso de compra y venta de instrumentos financieros. La información sobre instrumentos financieros también está ahora mucho más disponible.

Los inversores se benefician de la oferta casi infinita de información disponible en Internet por motivos de investigación. Es imprescindible consultar las bolsas para obtener las cotizaciones más recientes y mantenerse al día de los acontecimientos mundiales que puedan afectar a los mercados. Es fundamental obtener datos financieros de las empresas que cotizan en bolsa. Internet es una fantástica fuente de información repleta de cifras, datos y estadísticas.

Por supuesto, llevar a cabo una investigación con fines de negociación implica algo más que adquirir información. La verdadera pericia consiste en saber qué información buscar y cómo interpretarla. Aunque se trata de una habilidad en sí misma, ésta puede mejorarse fácilmente con el tiempo y mucha práctica.

A la hora de identificar perspectivas potencialmente lucrativas, tendrás muchas más posibilidades de éxito si estás dispuesto a invertir una cantidad razonable de tiempo en investigar y evaluar lo que descubras.

Análisis técnico y fundamental

Como se ha explicado en capítulos anteriores, las dos herramientas principales que utilizan los operadores e inversores para evaluar los datos y elegir qué operaciones e inversiones realizar son el análisis fundamental y el técnico. A pesar de cumplir esencialmente la misma función, lo hacen de maneras muy distintas.

Por lo general, el análisis fundamental implica recopilar todos los datos posibles sobre un valor determinado y analizarlos para determinar su valor subyacente y su relación con el precio de negociación.

Por ejemplo, si quisiéramos realizar un análisis fundamental de las acciones de una empresa concreta, nos fijaríamos en varios factores, como la solidez financiera actual de la empresa, los informes de beneficios, el calibre de su equipo directivo y su ventaja competitiva en el mercado. De este modo, podrías determinar si la acción está bien valorada en comparación con su valor subyacente o si está sobrevalorada. Aunque está demasiado simplificado, este ejemplo ilustra cómo se utiliza el análisis fundamental.

La base del análisis técnico es utilizar datos históricos para predecir movimientos futuros. Consiste en buscar patrones en los gráficos y diagramas de precios y volúmenes para identificar tendencias que puedan repetirse. Según la hipótesis, observando estas tendencias se puede predecir con exactitud cómo cambiará el precio de un valor en un periodo concreto. Aunque ésta es una versión bastante simplificada del análisis técnico, ofrece un resumen básico del proceso.

Los inversores suelen utilizar los análisis fundamentales y técnicos cuando compran acciones, pero también pueden ser útiles cuando compran opciones. El concepto básico es que utilizarías estas técnicas para comprender cómo prevés que cambie el precio de los instrumentos financieros y, a continuación, negociarías los contratos de opciones adecuados para beneficiarte de esos movimientos.

Dado que hay muchos factores que examinar, ni el análisis fundamental ni el técnico pueden considerarse superiores el uno al otro. En cierto modo, todo se reduce al gusto personal; si eres más hábil o te sientes más cómodo utilizando una de las estrategias para el estudio, tiene sentido que elijas esa estrategia. Puede que te resulte más cómodo combinar las dos o utilizar el análisis fundamental en algunos casos y el análisis técnico en otros.

Pero es importante recordar que, la mayoría de las veces, la negociación de opciones consiste en beneficiarse de las rápidas variaciones de los precios. El análisis fundamental puede ayudarle a comprender el valor intrínseco de un título, y los inversores a largo plazo suelen utilizarlo para comprar acciones baratas que se espera que aumenten de valor con el tiempo. Sin embargo, no siempre facilita la previsión de las variaciones de precios a corto plazo.

El análisis técnico sí puede hacerlo, por lo que es probable que los operadores de opciones se beneficien más de su adopción. Esto es especialmente cierto para los operadores diarios que realizan numerosas transacciones diarias a corto plazo.

A la hora de buscar posibles operaciones, también debes tener en cuenta la cantidad de capital necesario y el nivel de riesgo.

7

Gestión del riesgo en el comercio de opciones

Lo primero es lo primero: ¿Qué es la gestión del riesgo en el comercio de opciones? Es el proceso de minimizar el riesgo financiero en tu estrategia de negociación por todos los medios necesarios. Cada operador gestionará el riesgo de forma diferente. Debes tener en cuenta tu tolerancia al riesgo para crear una estrategia de gestión del riesgo que funcione. Los operadores más agresivos pueden gestionar el riesgo, aunque no lo controlarán tanto como los operadores conservadores.

Es fundamental comprender que minimizar el riesgo conlleva una menor posibilidad de obtener beneficios. Esto se debe a que muchas de las estrategias que utilizarás incluyen la cobertura de tus operaciones y el ejercicio anticipado de las opciones para obtener beneficios. Un operador más agresivo puede incurrir en un mayor riesgo, pero también cosechar mayores recompensas. Para empezar con cualquier estrategia de inversión, es fundamental dedicar tiempo a crear un plan de negociación que se ajuste a tu tolerancia al riesgo.

Por qué es tan importante aprender a gestionar el riesgo de las opciones sobre acciones

Tratar de maximizar los beneficios es importante, pero aprender a gestionar el riesgo de las opciones sobre acciones puede ser más crucial. ¿Por qué? Porque las operaciones ganadoras continuas, por pequeñas que sean, dan como resultado rendimientos globales más altos que ganar unas pocas operaciones grandes mientras se pierde la mayoría.

Piensa en lo siguiente: ¿no te gustaría poder operar sin estrés y obtener sistemáticamente una rentabilidad del 5-10% con cada operación que realices? Por supuesto, la emoción de un jonrón es insuperable. Pero, con el tiempo, los puntos sencillos se acumulan. Es preferible obtener rendimientos pequeños y regulares que rendimientos altos e irregulares con muchas pérdidas. ¿Y lo mejor? Con una buena gestión del riesgo, aún puedes obtener beneficios asombrosos.

5 consejos y trucos para gestionar el riesgo al negociar opciones sobre acciones

¿Estás preparado para saber cómo controlar el riesgo cuando negocias con opciones sobre acciones? Existen numerosas estrategias para disfrutar de grandes recompensas al tiempo que se minimiza el riesgo. A continuación describiremos nuestras principales estrategias de gestión del riesgo de las opciones, que abarcan desde el uso de análisis correctos hasta la cobertura de las apuestas.

Dedica primero algún tiempo a aprender sobre el comercio de opciones.

Somos conscientes de que estás deseando empezar a operar con opciones. Sin embargo, si no tienes experiencia previa, empieza negociando opciones sobre papel. Las operaciones sobre papel simulan actividades de negociación reales utilizando fondos ficticios. Antes de gastar el dinero que tanto te ha costado ganar, puedes sentir las cosas y comprender los altibajos de la negociación. Es arriesgado de por sí lanzarse a operar con opciones sin antes tomarse el tiempo necesario para adquirir experiencia y confianza.

Obtén beneficios

Puede resultar tentador seguir esperando para recoger ganancias extra cuando un contrato de opciones está pronto "in the money". Sin embargo, te aconsejamos que utilices tus opciones y cobres los beneficios cuando puedas. Supongamos que compras un contrato de opciones de la empresa XYZ. Según las normas, tu precio de ejercicio se fija en $10 por acción con una fecha de ejercicio de seis meses para 100 acciones. El precio de la acción subyacente ha subido a $14 al cabo de un mes. Si ejerces tu opción, ganará $400 inmediatamente.

Pero espera: según tu análisis técnico, el precio puede continuar su senda alcista. ¿Deberías esperar para obtener entre un 1% y un 2% adicional? Claro, pero te darás una patada si pierdes la oportunidad y el precio cambia antes de que puedas ejercer la opción. He aquí un método más eficaz para negociar opciones que te permite obtener ganancias de inmediato al tiempo que dejas margen para posibles ganancias futuras:

Suponiendo que el ejemplo anterior sea para una opción de compra; ahora puedes comprar esas acciones al precio de ejercicio de $10. A continuación, puedes vender una parte de tus acciones al precio de mercado de $14 para obtener dinero rápido. Después, cuando el precio suba, sigue reteniendo el resto de tus acciones y véndelas gradualmente. ¿Sigues conservando el 15% final de tu inversión y el precio se invierte? Sigues en números negros porque has recogido beneficios hasta ahora. Uno de los mejores métodos para gestionar el riesgo con cualquier estrategia de negociación, incluidas las opciones, es participar en lo que se conoce como vender en la fortaleza.

Elimina pérdidas

Queremos hablar de la otra cara de la moneda, que es limitar las pérdidas al obtener beneficios. Nadie quiere hacer una operación y perder dinero. Aunque las pérdidas sean escasas, es fundamental mantenerlas bajo control. Aunque la mayoría de tus operaciones sean rentables, seguirás teniendo déficit. A lo largo de una semana, un mes o un año, puedes seguir manteniendo un buen rendimiento de tu capital tomando tu medicación y estando dispuesto a asumir pequeñas pérdidas en ocasiones.

Es crucial hablar del decaimiento temporal cuando se trata de negociar contratos de opciones en particular. El decaimiento temporal es el término utilizado para describir cómo disminuye el valor de tu contrato cada día. Recuerda que tu contrato de opciones es nulo e inválido después de la fecha de ejercicio. Además, a medida que se acerca la fecha de ejercicio, el decaimiento temporal hace que el valor de tu contrato disminuya. Independientemente de si tienes dinero o no, esto es cierto.

Afortunadamente, lo máximo que puedes perder en un contrato de opciones es la prima que pagaste. Los contratos de opciones son una magnífica inversión de valor para los operadores porque suelen ser bastante asequibles. Si no tienes intención de ejercer tus opciones, tienes dos posibilidades: dejar que el contrato venza o volver a venderlo en bolsa. Los inversores especulativos podrían comprar tu contrato y ayudarte a cubrir algunas pérdidas, aunque es posible que no reciba el valor total que pagaste por el contrato.

Diversifica

Probablemente hayas oído hablar de la diversificación si has aprendido a invertir. Poner todos los huevos en la misma cesta es garantía de fracaso. Por lo tanto, cuando busques contratos de opciones para negociar, diversifica tu cartera considerando varias industrias, negocios y tipos de contratos de opciones.

Llegados a este punto, también deberíamos hablar del tamaño de la posición. Una de las cosas que debes evitar es perderlo todo haciendo saltar por los aires tu cuenta de negociación. Por lo tanto, mantén el tamaño de tus posiciones en una proporción razonable de tu capital circulante. Apostar todo a una victoria fácil puede ser muy tentador, pero debes resistirte a invertir más del 20% de tu capital en cualquier contrato. Esto reduce el riesgo y te asegura tener dinero a mano para invertir en otras posibilidades que puedan surgir.

Adquiere un software fiable de predicción bursátil

El mejor método para controlar el riesgo en la negociación de opciones o en cualquier otro tipo de inversión es tener éxito en cada operación que realices. No es difícil. Por desgracia, esto no es realista. Sin embargo, invertir en un programa de previsión bursátil fiable y de eficacia probada te proporcionará las mejores posibilidades de éxito. Pero, ¿cómo te ayudará esto precisamente en la gestión de riesgos?

Gracias a la información que te proporciona el programa, podrás comprar contratos con más seguridad. Mejor aún, podrás eliminar cualquier ambigüedad sobre cuándo adquirir tu contrato o ejercer tus opciones. ¿Cómo? Ofrecen una recomendación clara de compra, venta o mantenimiento para cualquier acción. Un análisis bursátil gratuito te mostrará cómo funciona esto en la práctica.

Utilizar un software de previsión de valores para invertir puede ayudarte a gestionar mejor el riesgo y a ganar más operaciones. Unas sencillas indicaciones te permiten evaluar las oportunidades y entrar o salir del mercado en el momento ideal.

Psicología del trading y disciplina emocional

Sin una experiencia inversora directa previa, puede resultar difícil comprender plenamente la psicología del trading. La mayoría de los operadores conocen la importancia de adoptar y mantener la mentalidad adecuada. Esto es especialmente cierto para los operadores a corto plazo. Tomar decisiones rápidas con poca antelación será necesario si estás operando en los mercados durante el día, y esto podría significar la diferencia entre una operación ganadora y una perdedora. También se requiere la capacidad de ceñirse a un plan previamente establecido en el que se tenga confianza para registrar beneficios y aplicar un stop loss. Para tomar decisiones de negociación en las que el tiempo apremia, es necesario mantener las emociones bajo control.

Los sentimientos más comunes que experimentan los operadores son el miedo, la ansiedad, la convicción, el entusiasmo, la codicia y el exceso de confianza.

Miedo/Ansiedad

Operar demasiado a lo grande es una fuente habitual de preocupación. Operar con un tamaño incorrecto aumenta innecesariamente la volatilidad y te permite cometer errores que de otro modo no cometerías si no estuvieras bajo la presión de sufrir potencialmente más pérdidas de lo habitual.

Otra razón de tu miedo (o ansiedad) es que estés en la operación "equivocada", que no se ajusta a tu plan de negociación.

Convicción/Entusiasmo

Las dos emociones principales de las que querrás alimentarte son la convicción y el entusiasmo, y debes experimentar estos sentimientos en cada operación que realices. La convicción es la guinda del pastel de cada operación exitosa; por lo tanto, las probabilidades de que no estés en la operación "correcta" para ti son excelentes si careces de alguna de estas emociones.

Por "correcta" nos referimos a la transacción que se ajusta a tu estrategia de negociación. Tanto las operaciones rentables como las fallidas tienen el potencial de ser perdedoras. Mantenerte ganando y perdiendo sólo con inversiones rentables es el objetivo. Esto puede garantizarse asegurándote de que confías en una determinada operación.

Codicia/Exceso de confianza

Puedes volverte codicioso si sólo quieres hacer transacciones que crees que tienen muchas probabilidades de éxito. Aunque tu codicia puede haber sido el resultado de tu éxito, podrías caer y experimentar un bajón si no tienes cuidado.

Asegúrate de que la mecánica de tus operaciones es sólida, lo que incluye respetar los stops, los objetivos, una gestión adecuada del riesgo y una buena configuración de las operaciones. Los operadores demasiado confiados que toman malas decisiones pueden poner fin a una racha de éxitos.

Cómo mejorar la disciplina y controlar las emociones en el trading

Planificar tu estrategia es esencial si quieres mantener las emociones negativas al margen de tus operaciones. En los mercados financieros, el proverbio "no planificar es planificar el fracaso" podría ser cierto.

Hay muchas formas de tener éxito como operador. Algunas formas y estrategias pueden ayudar a los operadores a alcanzar sus objetivos. Pero en lugar de basarse en "corazonadas", lo que funcionará para esa persona será a menudo una estrategia definida y sistemática.

He aquí algunas estrategias que te ayudarán a sentirte más en control de tus sentimientos mientras operas.

Crea tus propias reglas

Puedes gestionar mejor tus emociones creando tus propias reglas para operar. Establecer objetivos de beneficios, límites de pérdidas y criterios de tolerancia al riesgo/recompensa para entrar y salir de las operaciones puede formar parte de tus reglas de negociación.

Comercia en el contexto de mercado adecuado

También es aconsejable mantenerte alejado de las situaciones de mercado menos favorables. Es una buena idea evitar operar cuando no te sientes bien. No dependas del mercado para sentirte mejor; si el trading no es lo tuyo, lo mejor es dejar de hacerlo.

Autocontrol, no dinero

Aunque suene absurdo, lo primero que hay que hacer al entrar en el mundo del trading es ahorrar dinero. Te preguntarás cómo es posible. El trading es cuestión de dinero. Verdadero y falso. El objetivo final de todo trader es utilizar la especulación para amasar tanta riqueza como sea posible. Sin embargo, para alcanzar tu objetivo debes centrarte en las cosas que producen dinero y no en el dinero en sí. Empieza a formular planes y tácticas de trading; si sigues estos pasos correctamente, verás cómo entra dinero.

Alguien vigila

He aquí otra táctica que puede resultarle útil. Tanto los traders experimentados como los novatos pueden utilizarla. ¿Y qué es lo mejor? Aplicarla es bastante sencillo. Si has oído hablar de traders conocidos, piensa en el que más admires. Si no, busca algunos traders conocidos y elige uno. El secreto está en conocer un poco sus rasgos, su forma de operar y sus éxitos. Aprende todo lo que puedas sobre este individuo.

Pasemos a la siguiente acción. Imagina que este hombre está detrás de ti mientras operas. Este hombre puede verlo todo y juzgarte en función de cada operación que abras y cada dólar que inviertas. Haciendo esto, mejorarás tu autocontrol y reducirás tu tiempo de distracción.

Escribe una lista

Anota todo lo que esté relacionado con tus operaciones comerciales. ¿Con qué activos operas? ¿Cuándo negocias? La razón por la que operas. Haz una lista de objetivos concretos y fáciles de entender, y un calendario para alcanzarlos. Imprime todo el documento (sólo deberías ocupar una página) y cuélgalo donde puedas verlo mientras operas. En caso de duda, echa un vistazo al documento para refrescar la memoria sobre la situación general. Con una estrategia clara y unos objetivos fijados, podrás seguir el ritmo de otros operadores.

Regla del día A

Comprométete a mantener tu disciplina durante un solo día. "Hoy seguiré mis pautas establecidas y evitaré participar en operaciones emocionales". Eso es todo lo que hace falta. La mayoría de los artistas emplean el mismo método. Se dicen a sí mismos que deben sentarse y dibujar una línea recta cuando están deprimidos y no pueden practicar. No será la única línea cuando estés listo para practicar. La segunda línea sigue a la primera, y pronto te encuentras dedicándole varias horas. Mantén la disciplina no sólo un día, sino todos los días. Pronto descubrirás que mantener la disciplina es mucho más fácil y se ha convertido en una segunda naturaleza.

Crea una estrategia y un diario de negociación

Planificar varios resultados en el periodo previo a los principales acontecimientos noticiosos también puede ser una estrategia para tener en cuenta los factores subyacentes.

La diferencia de rendimiento entre los operadores principiantes que utilizan un plan de negociación y los que no lo hacen puede ser significativa. El primer paso para combatir las emociones en la negociación es elaborar un plan de negociación, pero lamentablemente esto no mitigará las consecuencias de dichas emociones. Llevar un diario de tus operaciones con opciones puede ser beneficioso.

¡Relájate!

Serás más capaz de reaccionar con lógica a los cambios del mercado si te siente a gusto y te gusta tu forma de operar.

Conclusión

Con suerte, podrás decidir si las opciones son mejores para ti con menos dificultad ahora que estás familiarizado con las opciones, sus dos tipos diferentes (opciones de compra y de venta) y su nivel de riesgo.

La lección más importante es que debes saber de antemano en qué te estás metiendo, aunque estés ansioso por unirte al carro de las opciones.

Las opciones ofrecen a los inversores muchas formas de ganar dinero negociando con los valores subyacentes. Se pueden utilizar distintas combinaciones de opciones, activos subyacentes y otros derivados en varios métodos diferentes. La compra de opciones de compra, la compra de opciones de venta, la venta de opciones de compra cubiertas y la compra de opciones de venta protegidas son estrategias fundamentales para los recién llegados. El comercio de opciones tiene ventajas sobre la negociación de activos reales, como la protección contra las caídas y los rendimientos apalancados, pero también tiene inconvenientes, como la necesidad de pagar la prima por adelantado.

www.ingramcontent.com/pod-product-compliance
Lightning Source LLC
La Vergne TN
LVHW050757051026
849532LV00008B/2894

* 9 7 8 9 9 2 5 3 8 0 6 2 6 *